그래, 사람이다

느림의 뒤뜰 003

그래, 사람이다

초판1쇄 발행 2023년 7월 5일
지은이 이태연
펴낸이 이희숙
펴낸곳 느림
등록번호 2014년 1월 24일 제2014-000001호
주소 경기도 군포시 번영로587 번안길88 대림 202호
전화 031-395-5465
팩스 031-8057-6295
이메일 pleden@naver.com
홈페이지 http://blog.naver.com/pleden

ISBN 979-11-978544-3-9

*이 책의 판권은 지은이와 느림에 있습니다.
*파본은 구입처에서 바꿔드립니다.

이태연의 시로 만난 사람들

그래, 사람이다

느림

| 머리말 |

태생적으로 내성적인 성격도 성격이라지만
먹고 사는 일 앞에서는
사치스러움으로
명함조차 내밀지 못하게 되더랍니다.

내국인은 물론
외국인도 만나서 일을 해야 하니
없던 숫기도 생기고 낯도 두꺼워지더랍니다.
이제 사람 만난다는 게 즐거운 일이 되었습니다.

새로운 사람은 새로운 대로
오래된 사람은 오래된 정으로
쉼 없이 흐르는 저 강물처럼
사람도 어제의 그 사람 아니겠지만

처음 그 느낌으로 사람을 만나다 보면
때론 실망할 수도 있겠지만
생각지도 못한 즐거움 얻기도 하더랍니다.

지금까지 만나는 인연들은
아마도 내가
이 세상
문 닫는 날까지 이어지지 않을까 싶습니다.

좀 더 많이
사랑하고
베풀고 사는 내가 되도록 노력해야겠습니다.

                              2023년 초여름 이태연

| 차례 |

1부. 바다로 가는 빛무리여

●박현종/12 ●최용호/13 ●노치융/14
●재모성/16 ●신현탁/18 ●몽중헌/19
●강희진/20 ●박성현/21 ●최동태/22

●김동직/23 ●윤영수/24 ●엄종명/25
●하병국/26 ●조명준/27 ●조명건/28
●윤성현/30 ●김용수/31 ●조석호/32

●박영식/34 ●황재철/35 ●김병수/36
●박술용/38 ●김해환/39 ●신재호A/40
●구자원/42 ●조상권/44 ●김현석/45

●심창진/46 ●천병현/47 ●문형배/48
●19명의 아삼륙 40년 지기들 /50
●대아고 15기/52 ●고병민/54

●황동태/55 ●최창훈/56 ●강종렬/58
●양문석/59

2부. 새벽 어스름 향기 속에서

- 정승환/62　　● 문순옥/64　　● 허순덕 /66
  - Mr. Donny Lo/67　　● 전홍균/68　　● 강덕제/69
    - 김용섭/70　　● 이태연의 함정/72

- 변문성/73　　● 이원근/74　　● 김준국/76
  - 조헌제/77　　● 김달우/78　　● Simon Wong/80
    - 광식이네/82　　● 임현식/83　　● 정상식/84

- 황영호/86　　● 방수명/88　　● 진하연/89
  - 조규일/90　　● 이기철/92　　● 김영만/93
    - 최희수/94　　● 김태성/95　　● 정대식/96

- 조민화/98　　● 김남덕/99　　● 인창혁/100
  - 박현규/102　　● 김성규/103
    - 정효와 박해남/104

- 김규석/105　　● 조준형/106　　● 심찬우/107
  - 신환복/108　　● 이관학/110

3부. 길은 앞으로 가고 있으니

- 이균성/112 ● 안경태/114 ● 이각균/115
  - 우보 박남조/116 ● Ms. Susanna Chan/118
    - 박준영/119 ● 윤종후/120
- Mrs. Stephany Bartolo /122 ● 정창영/124
  - 윤다빈/125 ● 제니 한/126 ● 이미옥/128
    - 양교주/129 ● 윤석중/130 ● 김종순/132

- 김재후/133 ● 이용익/134 ● 이준경/135
  - 곽연주/136 ● 김남욱과 양기식/137
    - Mr. Cake Kim /138 ● 한주영/139

- 차원종/140 ● 박태원/141 ● 김병수/142
  - 정휘영/144 ● 안덕희/146 ● 박승준/147
    - 이승준/148 ● 윤충열/149 ● 황상구/150

- 홍재기/151 ● 이문수/152 ● 김승모/154
  - 윤갑석/155 ● 신재호B/156 ● 최상균/157
    - 박명갑/158 ● 박성훈/159 ● 황지무/160

- 이상기/161 ● 김재협/162 ● 황다은/163
  - 백인주/164 ● 김병희/165

4부. 다시 시작하는 기쁨으로

●루쉰 /168　●피카소/169　●워클리/170
　●고종의 길/171　●김바르/172　●찰스 다윈/173
　　●정주영/174　　●이건희/175　●안중근/176

●장만득/177　●유안진/178　●박정희/179
　●윤동주/180　●이상경/181　●송해/182
　　●박인희/184　●정동원/185　●이종영/186

●장자(莊子)/187　●손정민/188　●노무현/189
　●백인덕/190　　●F. R. David/191●다산 정약용/192
　　●나석주/193　●신우석/194　　●허수경/195

●고참 한상준/196　●의인 최원욱/198
　●백기완/200　　●어른 김장하/202

발문
터널 끝 환한 '사람꽃' 만나다
백인덕 /204

제1부

바다로 가는 빛무리여

박현종

나는 가을 햇살에 살랑살랑 빛나는
진노랑 은행잎들이 좋기는 하지만
떨어지는 낙엽 보면 마냥 아쉽기만 합니다.

그는 아니더랍니다.
낙엽이 져야 계절도 바뀌고
겨울 놀이로 신날 거라고
먼 산 하얗게 덮인 눈 바라다보는
상큼한 즐거움을 얘기합니다.

최용호

연습장이 닳도록
중얼중얼 입으로 공부하던 중학생이었습니다.
공부로 끝을 보고 산다지만 실물로는 한 번도
만나지 못한 궁금한 사람입니다.
손주 같은 아들과 노니락꼬
없는 시간이 늘 아쉬운 사람입니다.

노치웅

1.
가을 운동회 때나
언제나 릴레이 대표로 나서면
따그닥, 따그닥 경주마처럼
빠르게도 달렸습니다.

서울 살면서도

앞만 보고 달렸더랬습니다.

이제는
옆 사람들 보조도 맞추면서
천천히 갈 일만 남았습니다.

2.
마른 장작처럼 딱딱 부러집니다.

강한 것 같지만 물렁물렁합니다.

가진 것도 별로 없으면서

내려놓을 게 그리도 많답니다.

양평 용문사가 닳도록 다닙니다.

108배하고 내려오는 길에

맛있는 고깃집이 있지나 않은지 몰라.

재모성

엊그제 밤길 걷다가
유난히도 반짝이던
별 하나 만났습니다.

순간적으로
나는 직감했습니다.

미안하고 미안해서
낮으로는 숨어 살다가
밤으로만 온다던
동화 속 어린 왕자처럼

성급하게 떠나버린
그 친구일 거라는 것을.

신현탁

- 생모

왕과 거지가

세상

공평한 게

딱 하나 있더랍니다.

배 아파

낳아준

어머니란

딱 한 분밖에 없더랍니다.

몽중헌

내국인과 외국인의 동등한 최저임금체계의 문제점과
기업인에게 모든 책임을 지우는 국내법의 기울어짐과
일부 유럽국가들의 자유로운 결혼과 이혼의 관행이 출산
율을 높게 유지하는 역할을 한다는 점과 갑질이 사회적
문제였더라면 이제는 을질도 만만치 않아졌다고

누구의 머리가 가발이니 아니니 그 흔한
여자 이야기도 술을 더 묵작꼬 보채는 친구도 없이
우리는 정하지도 않은 다음 만남을 얘기하며
내일이 한글날이고 아직 초저녁인데도 불구하고
각자의 집으로 꿈처럼 사라집니다.

강희진

1.
말솜씨보다 글솜씨가 백배 좋은 사람입니다.
눈 착 깔고 있는 프로필 사진 서울사람처럼
시쳇말로 무즙니다.

그러나 입에서 말소리 새어 나오는 순간 깹닙다.
자리에서 치읗은 제발 조용히 입 다물고 있어라 캅니다.

2. 카니발

소설가는 천재입니다.

나에겐 감동을

그에겐 존경을

박성현

대입 학력고사에서

수학 세 개 맞고도

외대 홍보과에

들어갔다면

가히

수재라 하지

않을 수 없습니다.

수학은 빼고요.

최동태

세상에 연애결혼만 있었더라면
지금도 숫총각으로
남아 있을지 모른다고

맞벌이하는 집사람으로부터
여전히 아침밥 얻어먹고 다니는
간 큰 남자랍니다.

김동직

아무리 배가 불러도
고속도로 휴게소엔 반드시 들러야 합니다.

입천장이 데도 좋을 정도로 뜨거운 호두과자 입에 넣고 호호하면서 달리는 차 안에서 반드시 먹어야지만 비로소 즐거운 여행이 완성됩니다.

봄만 되면 우리집 서울사람들은 쳐다보지도 않는 밍밍한 산딸기 한주먹씩 입에 집어넣고 우기적우기적 씹다 보면 어릴 적 나를 만나게 됩니다.

고향에서 산 날보다 서울에서 더 오래 살아가고 있는 그래서 서울스럽게 변해버린 그도 촌스러운 사투리와 그 입맛은 어쩔 수 없더란 말입니다.

윤영수

을지로입구역
화장실에서

봉두난발의
뒷모습을
봅니다.

혹시
윤영수인가.

엄종명

삼천포
짠물이 쫙 빠져버린

서울사람보담도
더 서울스럽습니다.

말 안 하고
가만히 앉아 있으면

삼천포에도 저렇게 키 크고 잘생긴 사람이 있을 수도 있다는 사실을 이제야 확인합니다. 보통사람들은 흰머리 감추느라 애를 쓰는데 흰머리가 오히려 멋있어 보이는 건 또 뭡니까. 세상이 왜 이리도 불공평하답니까. 운동장에서 떼로 덤벼도 꿀림 없는 그 호기로움을 감탄합니다.

하병국

회장님 뫼시던 가락이 아직도 남아 있습니다.

반듯한 자세와 예의와 당당한 몸가짐과 경상도 억양은 남아 있지만
발음만은 언제나 또박또박 정확합니다.

건강 상식은 웬만한 의사 선생님 못지않습니다.
약한 구석 채우려다 파고 또 파다 보니 어느새 건강박삽니다.

창밖의 여자는 조용필만큼 부르고
여느 사람이 가지지 못한 상당한 무기를 장착하고 다니는 작은 군함입니다.

조명준

강원도 설악에 가면
아주 오래전
울산에서 이사 와서
터 잡고
살고 있다는
울산바위가 있습니다.

그 기세가 하도 대단하고 장엄하여 감동으로 경외감으로 자리를 뜨지 못하는 사람 하나 있습니다.

지름길도 마다하고 아내의 잔소리도 못 들은 척 미시령 옛길로 굳이 돌아가는 이유를 당신은 아시는지요.

조명건

1.
돌 전문가는 말한다.

남해 몽돌은
바닷물에
젖었을 때가 제일 이쁘다고

나는 그 말뜻 이해하지 못했다.

몽돌은
생긴 거로 충분하다고
무슨 수식이 더 필요하겠냐고 그게 다라고

내가 틀렸더라

큰 몽돌
묻은 흙 대충 털어내고
물티슈로 빠닥빠닥 닦다 보니 인물 나더라

똑똑한 명건
이걸
어릴 때부터 경험으로 알고 있었더란 말이지.

2.
저 덩치가 경찰이
안 되었으면
뭐가 되었을까요.

노가다 십장 하기엔 머리에 든 게 너무 많고 옛날 조폭이면 몰라도 요새 조폭 하기엔 날렵하지도 못하고 밥도 많이 먹어서 곤란할 것도 같고 아무리 생각해도 경찰이 몸에 딱인 사람입니다.

이제
고향 남해
경찰서장 되어서
친구들 좀 불러 주시다.

윤성현

사람은
죽어서
이름을 남기고

호랑이
죽어서
가죽을 남기고

거북은
죽어서
안경테 남긴다.

김용수

말투가
우찌 고향스러운지

처음 보는 고객님에게도
그 톤 그대로 말하는지

놀라서 달아나지는 않는지

하긴 요즘은 비대면에 온라인으로
은행일 혼자 다 하니
큰 지장 없을 것도 같은데

오늘 아침
SBS 모닝와이드
무인 은행 편의점으로, 마트로 들어간다기에
정년까지 별일 없기를

조석호

친구는 양보다 질로 좋아하고 술은 질보다 양으로 좋아할 거 같은 다 큰 석호가 군산에서 서울로 일 보러 오는 길에 저녁에 얼굴 함 보자고 오래전에 전화가 왔다.

소량이지만 낮에 내린 가을비로 제법 쌀쌀해진 날씨 일찍 만난 만웅과 강남에서 소주 각 1병하고 2차로 무교동 산불등심 맨 가운데 자리 잡고 벌써 소주 반병 날아갔고 얇은 고기 불판 위에서 뜨겁게 익고 있었다.

둘을 막연해하는 영호 끌고 가서 술꾼 서이 붙여 놓고 소주 한 잔 받고 제사 지내는 나 이렇게 너이서 작은 식당 시끄럽고 정신없는 시장 바닥 만들어 놓고 인근에 자주 갔다던 정종 집으로 가서 3차 시작이다.

불붙은 뜨거운 정종 잔 찰랑찰랑 넘쳐야 맛이라고 덜 찬 정종 잔 위에 젓가락 올려놓고 만만찮은 사장님과 즐거운 실랑이 한 모금도 안 될 술 욕심 잔뜩 부린다. 앉은 자리 불편해지고 옆에 다른 손님 앉으니 답답했는지 좀 넓은 집으로 가자고 한 잔 더 하자고 수선스럽다.

아까 정종집 오던 길에 들어갈까 말까 하던 대형 호프집 내가 주로 낮에 커피집으로 다녔던 비어할레로 다시 향하는데 만웅이 술 안 하는 내가 심심해 보였는지 집으로 보낸다. 4차 이후로 우찌 되었는지는 내일 아침이면 확인되겠지만 오랜만에 어두운 무교동 빠져나오면서 시 한 수 쓴다.

술자리
한곳에 오래 있으면
재미없다고 시간마다
종목 바꿔가며 옮겨 다닌다

전주시
서죽회 회장 겸
쓰죽회 총무는 오늘 밤
무교동에서 술에 취해 즐겁게 죽을지도 몰라

박영식

탕 안에서

왼손을

들고 있습니다.

총은

총잡이에게

칼은 칼잡이에게

황재철

천 리 길을
달려왔습니다.

진주 사람이
서울 사람보담도 더 멋스럽습니다.

타향처럼 불편해진
고향에서 혼자 삽니다.

한 달에 한 번
서울집으로 휴가 나온답니다.

진주 시장 앉았던
그 자리
좋은 기운 많이 받아 가시라.

김병수

1.
해장국의 원조 종로 청진옥에서 손님이랑 점심을 먹고 일상을 뺏어버린 코로나 19로 앉아 커피가 여의치 않아서 지하주차장 손님의 시동 건 따뜻한 벤츠 안에서 커피를 마시면서 내년의 경기를 걱정합니다. 그리고는 각자의 볼일로 나는 조계사 근처에 내려 불교 서적 몇 권을 사들고 영하 10도의 강추위를 뚫고 그러나 양지로 양지로만 어찌어찌 장교빌딩까지 걸어왔습니다. 익숙한 지하도로 내려가는데 저 멀리 신사 하나가 계단을 헛디뎌서 앞으로 넘어질 뻔합니다. 흐린 눈이지만 멀어도 친구는 잘 보입니다. 길이 미끄러워 그랬는지 나를 보고 아는 체하려 그랬는지, 아무튼 우리의 인연은 참 질깁니다. 열일곱부터 시작된 인연이 오늘 생각지도 못한 길 위에서 조우까지 비록 각자의 볼일로 10초 정도의 짧은 만남이었지만

악연만 질긴 게 아니더랍니다.
선연도 끝없이 질길 수 있더랍니다.

2.
스타벅스
앞을 지날 때면
그 친구 생각난다.

둘둘둘 커피면 족한
나에겐
비싼데다가
이름까지 어렵고 생소하고

또 종류도 다양한
이 집 커피를
식후에
꼭 마셔야 하는

그 친구의
도전적인 미각이
가끔 부러울 때가 있다.

박술용

소싯적에

서당을

다닐 수 있었던

남다른 환경에 살았다는

그래서

한자에 능하고

붓이 자유로운

청림이 부럽습니다.

김해환

멋쟁이
해환이는
창원에서 잘살고 있을까.

코로나
3년 동안
하던 일 계속하고 있을까.

졸업 40주년 반창회도
못 올 정도로
바쁘다면 안심이긴 하다만

신재호A

1.
1987년 제대 후 복학을 해야 하는데 한산도 집에서는 등록금을 마련할 길이 없었더랍니다.

고등학교 때 쌀집과 하숙집을 같이 하시던 그 인정 많은 아저씨에게 무작정 전화해서 쌀 배달 좀 하게 해달라고 간청했었더랍니다.

부잣집 입주 과외 자리를 소개받아서 몇 개월 만에 거금을 손에 쥘 수 있었고 남은 공부를 무사히 마칠 수 있었더랍니다.

사회 생활하면서도 지금을 있게 해주신 그 은혜 차마 꿈에서라도 잊을 수 없었던지라 시간을 만들고 또 만들어서 찾아뵙고 또 찾아뵈었더랍니다.

2.
빡빡한 조직에서 아직도
현직을 고수하고 있으니
내가 많이 고맙습니다.

그러기 위해서
하루하루 얼마나
숨이 넘어가겠습니까.

저녁 약속 마치고 집으로 가는 길에 잠시 들러 얼굴 보여 주니 고맙고 반갑고 술이 약간 오른 목소리로 하루 2만 보 비가 오나 눈이 오나 구재호 몸무게 10킬로나 빠졌다고 혈관 건강 위해 좀 더 빼야겠지만 나처럼 얼굴 주름 왕창 갈 정도로는 빼지 말라고, 오늘 밤 꿈에 포동포동 마린 버짐 피던 17살 한산도 촌놈 신재호를 만나러 갑니다.

구자원

1.
몇 해 전 여름휴가 때 식구들과 제천에 있는 E 콘도에서 머물고 있었는데 하도 날씨가 덥고 딱히 할 것도 없고 해서 잔잔한 충주호 에어컨 빵빵한 유람선을 탔습니다.

영화처럼 다시 만나서 이어진 우리의 인연, 고등학교 3년 내내 같은 반이었다는 걸 기억하는 친구. 일학년 구 반, 이학년 삼 반, 삼학년 육 반. 다니는 직장의 명예회장님과 항렬이 같아서 구조조정과는 무관해 보이는 친구.

이따금 심야에 전화를 걸어오기도 하고 '태연아 ~'하고 짧은 문자도 남겨 주어서 드문드문 나를 행복하게 해줍니다.

수시로 있어 보이는 지갑이며 벨트며 가죽 장갑 등으로 촌스러운 나를 서울 사람처럼 만들어 주기도 합니다.

2.
옷만 잘 파는 줄 알았습니다.

요즘은 술은 줄이고 자리 잡고 앉아서 차를 즐긴답니다. 또 찻잔과 주전자까지 공부하고 모으는 고상한 취미를 가지게 되었답니다. 뭐라 뭐라고 얘긴 하던데 평상시 듣지 못하던 말들이라 그냥 잊어버렸습니다.

내가 되지도 않는 시를 쓰고 작은 술병들을 모으듯 나중에 아무 쓸모 없어 버려질지도 모를 것들을 즐거움 하나로 모은다는 그 놀이를 진실로 진실로 존중합니다.

조상권

가죽 잠바가
잘 어울리는 사람입니다.

동창이라지만
단 한 번도 겹치지 않은 인연

육십 언저리에 조금씩 알아가는
이미
잘 완성된 듯한
그의 인생을 찬찬히 따라가 봅니다.

대한생활체육회
낚시협회
초대회장에 오른 그를
오래도록 자랑스럽게 지키고 사랑하렵니다.

김현석

구레나룻과 콧수염 본인은 멋으로 길렀겠지만
내 눈엔 깎지 않아서 좀 지저분해 보였다.

희미한 기억 속 현석이
가장 빛났던 때는 고2 수학여행이었을 거다.

교복 첫 단추 풀린 지 이미 오래
어디서 배웠나 고고춤, 무지막지하게 잘 추었던 기억

관광버스 안 술 제법 되었고, 줄담배 피워 샀던
그 간풀었던 현석,
신한은행 전산팀에서 아직 잘 버티고 있을라나.

심창진

하동경찰서
순경으로
근무하다가
제 발로
걸어 나왔답니다.

간부 되려고
공부하고, 해서
경위되고
경감되고
경정되었답니다.

빛보다
빠르고
찬란한 미래
기대되고, 또
기다려집니다.

천병현

공부로 연대 신방과 못 갔지만
평생직장 신촌세브란스병원 차고 앉았더마

앞으로 5년 남았다고
긴 직장생활 9부 능선 넘고 있는 지금

저 덩치가 옛날에 났으면
장군 아니면
무슨 두목 정도는 되었을 낀데
속으로 아쉽다.

문형배

1.
하동 섬진강에서 시작된
형배호
진주로 서울로
부산으로 또 서울로 떠돈다.

벌여 놓은 일
다
정리되면
다시 부산으로 내려갈 거라고

화석처럼 변치 않는
처음
그대로의 모습과 삶
나는 마음으로 늘/널 지지하고 존경한다.

2.

SBS 모닝와이드 헌법재판소에서 무슨 부장 판사 탄핵이 각하되었다는 말이 나오기에 딴생각하다 말고 화면을 유심히 봅니다.

재판관이 정확히 몇 명인지는 몰라도 별로 알아볼 생각도 없지만 아무튼 지나가는 화면 속에서 다들 마스크 끼고 있었지만 태극기 앞에서 유난히도 빛나는 한 사람이 보입니다.

가장자리에 있을 사람이 아닌데 나이로 밀렸는지 연륜으로 밀렸는지 몰라도 아무튼 내 마음속에는 언제나 최고인 사람을 자랑스러운 마음으로 지켜봅니다.

19명의 아삼륙 40년 지기들

서울 사는 용호, 환복, 태연 아침 일찍 만나 한 차로 내려갑니다.

고속도로 휴게소에서 환복이가 사주는 아침밥 간단히 먹고 삼천포 노산공원 도착 부산에서 온 영호와 만나 처음 가보는 삼천포 맛집이라는 전복요릿집에서 점심밥 먹고 삼천포 해상 케이블카 타러 갔다가 바람에 묶인 케이블카만 보고, 뷰가 좋은 송포 카페로 이동 커피 한잔하고 남일대해수욕장 근처 코끼리 바위가 보이는 용호 땅 잠시 보고 오는 길에 사천 만남의 광장에서 남해 사는 현호 만나 손잡고 인사하고 바로 친구들 기다리는 남강 변에 자리 잡은 펜션 도착 짐 풀고 다시 완사에 있다는 유명한 고깃집에서 암소 한우 고기 생으로 묵꼬 회로 묵꼬 구워 묵꼬 술 묵꼬 밥 묵꼬 헛소리 뱉고 숙소로 돌아와서 다시 술 묵꼬 헛소리하고 웃고 돌아가면서 한마디씩.

얼굴만 잠시 보여주고 간 술용
가방끈 긴 해남이 문을 열고

아까운 8등급 남욱

남는 14등급 선호

아들자랑 정식

통영에서 온 창진

검찰청에 있는 진규

하동과 통영을 오가는 용환

아직도 소년으로 사는 오석

여전히 날씬한 먼 친척 창연

발언 정리 교감 선생님 성국

죽을 때까지 일할 수 있다는 희민

마누라 선생에다가 자동차 잘 파는 성수

엊그제 환갑 지나도 끝없이 조잘대는 종순

저녁에 가는 친구, 아침에 가는 친구, 더 놀다 가는 친구

19명의 아삼륙 40년 지기들 가을 모임 날도 정하지 않고 또 보자고 악수하고 포옹하고 각자의 자리로 돌아갑니다.

대아고 15기

내 전화 반갑게 받아 주는 친구들 있어 고맙다

학창시절 중간치기, 그래도 누구처럼 평균은 까먹진 않았지만, 공부로는 도저히 따라갈 수 없었던 엄청난 친구들 사회에 나와서도 항상 나보다 여러 발자국 앞서 있는 그 친구들 있어 나는 고맙다.

가끔 서울 사람들과 얘기하다가
어깨 힘 들어가게도 해주는
대단한 친구들 있어 고맙다.

승환, 용섭, 영호, 종렬, 재호, 갑석, 환복, 현국, 병민, 영수, 쌍교, 기철, 효, 명건, 창영, 형배, 규일, 용호 등

그리고 세상 어디선가에서
여전히 빛나고 있을 대아고 15기들
나의 자랑과 든든한 뒷배 되어 줘서 정말 고맙다.

고병민

나이
오십 중반을
넘어서고 있는데도
병민은
교복 입은 그대롭니다.

키도
날씬한 몸매도
눈 껌벅거림도 과묵함도
사람이
우찌
저리도 변함이 없을까요
그래서
살다가 병민처럼
박제된 사람을 만나거든

당신 참 고병민스럽다.

황동태
-삼청교육대

간풀었던 시절 고2 동태
삼청교육대 분교
경주 화랑교육대로 입소합니다.

얼마나 대학생활 잘했으면
6개월 코스
한 달 만에 조기 졸업해버립니다.

지금은 전주에 있는 모 기업
공장장 하고 있고
딸딸 아들 아버지이기도 합니다.

어린 시절 이후 한 번도 보지 못한 동태를
기억 속 십 원짜리 입에 달고 사는
긴 다리 쩍 벌리고 비싼 오토바이 즐기는 동태를

호랑이만 그리는, 결코 밉지 않은 동태를
올가을엔 꼭 한 번 만나봐야겠습니다.

최창훈

1
앞모습도 장난기 가득 이뿐데 뒷모습이 이뿌다는 말을 자주 듣는답니다. 그 말 듣고 티 박스에 올라간 백바지의 뒤태를 유심히 살피니 운동으로 단련된 엉덩이가 좀 봐 줄 만합니다.

색소폰 연주가 취미라서 집에 연습실도 만들어 놓았다고 147곡이 들어 있는 USB를 건넵니다. 집으로 돌아오는 차 안에서 친구의 지난 얘기를 혼자 듣는 듯 사뭇 엄숙해지기까지 합니다. 때마침 서울양양고속도로는 음악 듣기에 딱인 거북이걸음입니다.

일찍 본 외손주들 수호(6), 수아(4) 얘기만 나오면 입꼬리 절로 올라가고 푸근한 할아버지로 변합니다. 교모 삐딱하게 눌러 쓰고 책가방 겨드랑이에 끼고 다니던 간풀었던 중학 시절 만났던 그 폭력적이었던 선생님도 이제 싹 지워버리기 바랍니다.

아픈
추억도
추억이라고
지나고 나면

목숨 걸고 싸웠던
적군도 다 이해가 되는
시절 지금 우리 지나고 있으니

2
하회탈처럼
얼굴이
다
웃습니다.

아무리 해도
나는
반밖에
웃지 못합니다.

활짝 웃는
것도
타고나는
모양입니다.

강종렬

그는 서울스러운 외모를 가졌습니다. 아주 먼 옛날 간신들의 모함으로 제주 다음가는 오지로 유배 온 조상을 가졌을 거 같은 그런 사람입니다. 반도의 끝자락 삼천포 동생쯤 되는 고성 촌동네에서 올라와서 대한민국 제일가는 무선 통신사 부사장 하고 있으니 동기로서 고맙고 자랑스럽습니다. 밥이라고는 아주 오래전에 짜장면 한 그릇 얻어먹었던 기억밖에 없지만 늘 빚진 마음 들게 하는 묘한 매력 가진 사람입니다.

끈 떨어지기 전에
비싸고
맛있는 밥
한 번 더 얻어먹는 게 작은 소원입니다.

이후로
그 빚
평생 갚아
나가도록 하렵니다.

양문석

-니가 이기는 날이 내 생일이다

경수는 되고
문석은
안될 이유
하나 없으니 꼭 이기시길

방통위원 시절 짜장면 사주던 후배가 대단하고 커 보였습니다. 또 공중파에서 거칠긴 해도 상대를 파고드는 압도하는 논리와 입심 통쾌하기는 했지만 때론 사람이 질 때도 있고 바보 같을 때도 있어야 하는데 문석은 태생적으로 거칠고 똑 부러집니다. 팔은 언제나 안으로 굽는다고 잘되기를 늘 응원합니다.

이기는
날
만들어서
고생하는 친구 생일 꼭 챙기시길.

제2부

새벽 어스름 향기 속에서

정승환

봄비 나립니다,
그래도 할 말은 해야겠습니다.

나의 자랑, 진주서 올라와서
짧은 기간에 서울서 자수성가한 승환

강남 한복판에 사옥 가진
코스닥 상장기업 회장이라서
생각만 해도 내가 기분이 다 좋은 승환

지금 캄캄한 터널 안에 갇혀 있을 겁니다.

배도 오래되면 잔고장 수리도 하고
거센 파도에 벗겨진 페인트칠도 다시 하고
정기적으로
드라이 도킹 들어가서 새 배 되어 나옵니다.

하물며 태어나서 지금껏

잠시도 쉬지 않고 살아 움직이는 사람인지라

특히 우리 나이에 누구나 몸에 하나둘

잔 고장 나고 수리하며 사는지라

니만 그런 거 아니니 너무 억울해 마시라.

터널 끝

작은 빛 보고 앞으로 가다 보면

또 다른 세상이 보일 거라

드디어 새로운 승환호

크게 기적 울리며

거침없이 파도 가르며

전진하는 모습 또 보여주시라.

문순옥

작은 것을 사랑할 줄
모르는 사람은
큰 것도 사랑할 수 없습니다.

허순덕

보통
날씬한 사람은
통통한 사람을 좋아합니다.

넉넉한
순덕이는
좀 다른 모양입니다.

손 안가는
오통통한 프랭크
온 집안에 끌어들였습니다.

Mr. Donny Lo

그가 없는 홍콩은 상상할 수가 없었습니다.
그러나 짙은 안갯속으로 꼭꼭 숨어버린
그를 도저히 찾을 수가 없었습니다.

나는 혼자서 홍콩의 바쁜 거리를
아장아장 걸었고 지하철도 타고 택시도 타고
밥도 먹고

그·랬·습·니·다

전홍균

한탄강이 난리났다고
경기도 연천이 뉴스에서 연일입니다.

나의 푸른 시절
제발 별일 없기를

제주 일도이동이 고향인 사람이 최북단 경기도 연천 모 포대 측각수로 고생 진탕하다가 영광스러운 제대 군인이 되었습니다. 얼마후 결혼해서 신혼여행을 서울로 왔습니다. 제주 사람은 서울로 서울이나 육지 사람은 제주로 그런 시절이 있었습니다. 그때 만났는지 전화로 목소리만 들었는지 기억이 가물거리지만, 군대에서 좋게 봐주었던 고마운 사람 또 나라가 맺어준 대단한 인연으로 늘 기억되는 사람입니다.

강덕제

나이 오십 넘도록
안 갔는지 못 갔는지
마초 같은
산적 두목 같은
남자가 싱글이랍니다.

자유롭게 몽골 벌판을
말 타고 돌아다닙니다.
그리 산다니까
큰 형뻘 되는 남자가
사랑 고백을 해왔답니다.

혼자 산다니까
그런 받고 싶지 않은
과분한 사랑도 받는 모양입니다.
얼른 장가보내야겠습니다.

김용섭

1
밥 잘사는 용섭은

고향 진주에도

시장님

감사패 받을 정도로 통 큰 후원합니다.

늘 받기만 하는

난

그 즐거운 빚

언제 다 갚을지 막막하기만 합니다.

2.

돈암동 맛집 밀양손칼국수 근처에는

스무 살 추억이 드문드문 묻어있습니다.

그때 그 하숙집이

그대로 남아 있지 않듯이

그도 변화에 변화를 더 해서

여기까지 왔습니다.

방금 들은 이름조차도

가물 가물거리는 시절을 지나고 있지만

그때 그 이름들은

언제나 입속을 맴돕니다.

이태연의 함정

가을 산 단풍들고
낙엽 지는 건 좋아하면서

사무실 해피트리 마르고
떨어지는 건 못 견딥니다.

갑자기
많아진 화분으로
밥 안 먹어도 배부르다지만

새로운
나무들과 함께 온
손님들로 마음이 복잡합니다.

변문성

한평생 큰 배

사고파는 일을 하고 있습니다.

댁에 잠수함, 석유시추선

이런 거 필요하시면

언제든지

아래로 연락 바랍니다.

010―akov―4989

이원근

1.
짱짱짱

박수 소리가

유난히도

큰

사람입니다.

칭찬도 크게

박수도 크게

사업도

규모 있게

잘하나 봅니다.

2.
사업 잘하는 원근은 힘차게 똑바로 뻗어 나아가는
드라이버 샷의 멋짐과 상당한 비거리만큼이나
더 멋진 사람으로 변해버렸습니다.

단 한 번도 가보지 못한 7자의 높은 산을
언제든 넘나드는,
내 눈엔 그냥 괴물로만 보일 뿐입니다.

김준국

술은
베 묵는 기 아이락꼬
소주 물 마시득끼 털어 넣습니다.

그래서
유수한 건설사 전무로
여전히 활동하는지도 모를 일입니다.

아무튼
운전만 안 되지
술 담배 마누라까지 다 되는 능력자랍니다.

뭐든
주고 싶어하고
보고 싶어하는 준국을

좀 더 일찍 알았었더라면 어땠을까나.

조헌제

김형

박형

이형 저형

만나는

사람은

모두가 형이 됩니다.

타고난

친화력으로

이북 사는 김 씨도

일단

만나기만 하면

김형이 될 겁니다.

김달우

1.
바닷속으로
들어가서 물고기들과
어울리는 것을 좋아합니다.

언제봐도
피부가 탱글탱글
눈웃음까지 싱그럽습니다.

물이 무서운 나는
그의 사진만으로도
바닷속이 충분히 즐겁습니다.

2.
뭍에서도
달우이긴합니다만

나사
하나 풀린
반달우로 삽니다.

코로나로
따뜻한
남쪽 나라
투어는 꿈이랍니다.

당일치기로
동해로
바닷속으로
비로소 온달우가 됩니다.

Simon Wong

1.
지루한 반복이란 결코 없다는 제주의 뭉게구름 페스티벌을 감상하면서 연신 핸드폰에 담습니다.

하늘에 걸린 흰 구름이 무척이나 곱고 아름답다고 다부진 체격의 말레이시아 화교 친구가 말합니다.

그래서 다양한 구름을 쉼 없이 만들어 내는 비 많은 적도 근처에서 자리 잡고 사는지도 모를 일입니다.

부두 일 하다가 필요해서 영어도 배우고 부단한 노력으로 지금은 중견 기업을 차고 나가는 작지만 선이 굵은 사람입니다.

2.
비가 잦은
열대지방에서
살면서
구름의 변화
관찰하길 좋아한답니다.

시시때때로 바뀌는
사람
마음처럼
종잡을 수 없는
구름의 기행 보고 찍고

광식이네

무식한

나에게

하는 말입니다.

모르는 게

있으면

짐작만

말고

물어보라고

제발

미련 떨지 말고

후암동 맛집, '광식이네아구탕'이 식당주인 아들 이름을 땄을 거라는 제법 오래된 미련한 생각이 주인아주머니 이름이라는 사실에 기가 찼던 적 있었습니다.

임현식

캐디는
저리 보고 치라 하고

싱글은
공을 보고 치라 하니

바보인 나

대체
어딜 보고 치란 말가.

정상식

1.
술자리

사실에 입각한

합법적인 구라들

테이블

아래 나뒹구는

주인 잃은 배꼽들

2.
모르는 게 없는
아는 게 너무 많은
상식 대마왕이라 명명합니다.

시간 단위로
공부하는 습관과
꾸준히 예체능을 갈고 닦는 법률가

하고 싶고
보고 싶고
먹고 싶은 것도 참 많은

몸은 가볍고
깊이 있는 즐거움을
늘 들고 다니는 매력 덩어립니다.

황영호

1.
케미칼 PP PE 평생 전문가
관련 상담 시
국내외 공히 최저 시급 350,000원

퍼도 퍼도 줄지 않을 오랜 경험
더도 말고 덜도 말고
한 달에
50시간만 팔아서 맛집 탐방 가입시다.

2.
주말 아침 소파에 앉아서
TV를 건성건성 보고 있었더랍니다.

검은 머리카락 하나
눈 밑으로 가만히 흘러내리더랍니다.

쓸데없는
흰 머리카락 단단히도 붙어 있건만
한 가닥이 안타까운 검은 머리카락이라니

세상의 가을도 오고
우리 인생의 가을도
이미 도착했더란 말입니다.

방수명

오랜 기간 경이로운 눈으로 지켰던
세계최강 장딴지 주인에게
바보 같은 질문 하나 던집니다.

이게 자연산인지 양식인지
당연, 자연산이라고
부모님께서 센 거 하나 더 주신 거랍니다.

나 혼자 부러워라 합니다.

어쩌다 보이는 중국에서
들여온다는 험지 덤프
무지막지하게 굵고 큰 타이어 같다는 느낌.

진하연

뭉치랑 저녁 산책길

한동네 사는 딸아이 절친
하연이가
퇴근길
집으로 가면서
나를 보고 달려와서는 고개 숙여 인사한다.

"괜찮으세요"

안 괜찮다.
아버지
돌아가셨는데
괜찮으면 자식이 아니지,
고맙다 인사하고 집으로 보낸다.

조규일

1.
생글생글 규일을 보면 입꼬리 올라가고 기분이 좋아집니다. 여러 가지 추억을 공유하고 있지만 한 가지만 얘기해 보겠습니다.

서울시청 시절 규일은 무교동에 있는 부민옥을 좋아했습니다. 제 저렴한 입을 확 땡기게 하는 음식은 딱히 없었지만, 아직도 그 집이 계속 영업 하고 있는 걸 보면 제가 모르는 깊은 내공이 있을 거라는 생각도 했지만 그게 간판 덕분이라는 생각을 지울 수가 없었습니다.

규일은 그때부터 부민이라는 말을 좋아했었나 봅니다. 부민을 위하여 부강 진주를 만들어 줄 겁니다. 제가 태어난 고향 진주가 조규일 시장을 꼭 세워서 부민한 진주 부강한 진주가 되기를 멀리서 기원합니다.

2.
고향 가는 길,
대전통영고속도로 함양 지나 산청, 생초 지나
드디어
진주 표지판 보이기 시작한다
반쯤 졸고 있는 딸아이 깨운다.

이쁜 딸 니 친구 중에 시장하는 사람 있나?
— 없다

아빠 친구는 진주 시장인데
— 아빤 좋겠다, 친구가 시장님이라서

순간 차 안이 온통 규일의 미소처럼 환해진다.

이기철

나보다 더 촌에서 올라와
서울 한복판에 있는
서울신문사에서
여전히
기사 쓰고 있다니 출세했습니다.

요새 종이 신문
누가 보냐고
앞으로가
더 큰 일이라며
시들어가는 신문의 미래를 걱정합니다.

신문이 컴퓨터로 들어가고
핸드폰으로 들어 가버렸으니
지하철이나
화장실에서조차도
신문 보는 사람이 사라져 버렸답니다.

많은 일을 하고 서둘러 가버린
스티브 잡스가
혁신을 일으키기는 했다지만
오프라인에서 삶을 유지하는 사람들
모두가 다 죽게 생겼다고 한숨이 깊습니다.

김영만

덩치는 산만한 사람이

티콘지 뭔지 모를

깜찍한 업무용 차를 타고 다닙니다.

차 안 가득

내 눈은

쓰레기로 보지만

두툼한 그의 손을 거치면 다 돈으로 변합니다.

최희수

손에 쥔
것
만족치 못하고

그
욕심내려
놓지도 못하고

위만
위만
쳐다보는 사람에게

성취감
하나
있을지 몰라도

행복이란
애초에 없는 거라고

김태성

아는 분 소개로
잘나가시는
업계 선배
한 분 알게 되었습니다.

사는 동네도 비슷하고
주말 산책 동선도
일부 겹치고 해서
혹시나 하고
흰머리 곱슬한 사람
지나면
선글라스
너머로 유심히 살핍니다.

아마
내일도 이럴 거 같습니다.

정대식

퇴근길 용산 대통령실 근처 지나는데 오래전에 후배로부터 선물 받은 USB 속에서 꽃다지의 동지가 군가처럼 씩씩하게 흐른다. 문득 명동 대연각 근처에서 마주친 보도블록 까고 있던 가투 하던 코끼리 정대식 생각난다.

내가 묻는다
니 여서 뭐하노

그가 씩 웃으며
논다

겁 많고 소심 가득했던 효심 가득했던 난 나서서 시위에 참여하지 않았다. 필 참여해야 할 때만 갔다. 그 외는 도서관에서 늘 부족했던 영어와 싸웠고 평생동지가 된 지금의 아내와 결사 연애만 몰두했다. 그 당시 대의 앞에서 말도 안 되는 변명 같겠지만 다 팽개치고 시위 현장으로 나가기에는 시골에서 밤낮으로 가난과 싸우는 부모님을 정말 실망시켜 드리고 싶지 않았다.

대식아
하늘나라는 별일 없제

이제
다른 데 갈 데도 없으니

그분
앞에서
담배 꼬나물지도 말고

모순
까부순다고
쓸데없는 짓 하지도 말고

고분고분
죽은
뭐처럼
조용히 지내고 있거라이.

조민화

키 크고

잘생기고

날카롭고

어려웠던 선배도

세월을

한

삼십 년

뒤집어쓰고 나니

허리도 아프고

흰머리도 보이고

무디어지기도 하고

내겐 쉬운 친구가 되었습니다.

김남덕

두텁바위 후암은
몸도 두툼
정도 두툼
통도 두툼하니 큽니다.

실내운동장에
비치된
옷도
대자로만 입습니다.

뭐든
주인의 마음으로
그 뫼심을
당하시는 분은 참 좋겠습니다.

인창혁

-샤먼

늘 푸근하고
다 받아 줄 것 같은
사람이 있습니다.

그를
만나러 갔습니다.

호텔 미용사가 깎아준 머리는
더 짧아져 있었고
몸은 더
불어있었습니다.

가족과 떨어져 있는
외로움은
일과 술
그리고 담배.

박현규

-열다섯은 안녕한가요

잠신고

2학년 16반 43번

HD를 고스란히 박제해서

간직해주신 선생님을 부러워라 합니다.

기억으로만

남아 있는 교복 입은 나

되지도 않는 공부 하느라 골병든

대아고 2학년 TY는 이미 사라졌습니다.

김성규

호랑이띠라는 것을
깊숙이 숨기고 다닙니다.

같이 노는 친구들이 대부분
용이나 토끼, 행님이라 안 놀아 줄까 봐
술이 좀 들어가면 주로 서서 말합니다.
어릴 때부터 그랬는지는 몰라도
약간 더듬거리는듯한 말투
여학생들이
국문과냐고 물었을 때는
다른 뜻이 있었던 모양
그 과에 가서 누구처럼
사투리 다듬고 말투 고치고 배워야 할 거 같다는
은유적 표현

반복되는 주제로 귀에 못을 박아버린
웃음꽃 핀 도화.

정효와 박해남
-전업 시인

세상에서
제일
가난한 직업이 뭘까
전업 시인이라고 자문자답하는 정효

누구든 집이라도
한 채 있으면
사는데
별문제 되지 않을 거라는 박해남

화가
소설가 수필가
작사가 작곡가 만화가 등
모두가 달팽이처럼 각자의 집을 가지고 있잖냐고

집 없는 시인이라는
직업
노천에서
사계절 맨몸으로 받아내야 한다고

어느 시인
술
사 먹을 돈도 없어서
청탁 아니면 결코 펜을 들 수 없다고.

김규석

솥뚜껑

운전사들은 말한다.

세상에서

가장 맛있는 밥

남이 해주는 밥

나는 말한다.

세상에서

가장 맛있는 밥

친구가 사는 밥

친구가

사는 밥은 조건이 없다.

그냥 좋아서

사주고 싶어서

나는 맛있게 먹기만 하면 된다.

언젠가

나도 성공해서

그런 친구의 친구로 밥을 사고 싶다.

조준형

이른 아침 헬스장
잠 없는
어른들이 하도 많아
무조건 수영장으로 간다.

물이 점점 차가워진다.
마산 물개도
다른 방법
찾아야 할 때가 오고 있다.

심찬우

13살에 어머니 여의고
15살에 아버지까지 떠나십니다.

비빌 언덕 사라져버린 세상
어린 형과 누이
험한 세상 잘도 이겨냈습니다.

몸에 밴 버릇 하나
사람 드문 길은 가지 말자
다시 큰길 나오지 못할 수도 있으니

성북동 우주제빵소
선선한 바람 속

냉커피 마시면서
신중한 사람,
어릴 때부터 만들어지는 거라 문득 깨닫는 오후.

신환복

1.
날씬하고 좁짝하게 생겼는데도 그 따뜻한 마음이야 남해 앞바다를 다 덮고도 남습니다.

늦게 시작한 학부모 생활로 바쁘게 살아서인지 갱년기도 모르고 지나간다며 한없이 긍정적입니다.

아주 오랜 약속처럼 까도 까도 끝없이 눈물 나게 하는 양파의 처음과 끝을 닮은 사람입니다.

2.

고귀하신 변호사님 입에서
남해 사투리 툭 튀어나옵니다.

니
멸치 사촌
눈티락꼬 아나
청어 새끼 말린 거

어릴 때
들어
본 것도 같은데
먼지는 잘 모리것는데

멸치 형님처럼 생겼지만
눈티가
서울사람들
입맛에도 드나 봅니다.

한 보따리씩 싸들고 퇴근합니다.
맥주
안주에
딱일 거라며 고맙다며, 고맙다며

이관학

이틀 남았다지만
오늘이 마지막 현역일이랍니다.

그것도 코로나 비슷한
독감 증상 때문에 재택근무 중

8월부터는 세상의
예비역으로 살아갈 거랍니다.

이제
마누라 일도 도와주고

보디가드 겸 운전기사 겸
또는 다용도 남편으로

부럽습니다,
전문직 마누라 가진 관학이.

제3부

길은 앞으로 가고 있으니

이균성

1.

박카스 한 병 사 들고 몸무게 70kg의 건장한 해병대 시절을 살고 계신 분을 뵈러 갑니다. 대한민국 보험 해상법의 대가시라지만 내 생각으론 비유의 대가이지 싶습니다. 신랑, 신부를 돋보이게 하는데 적격인 주례 공부하지 않는 제자들을 꼬집는 말씀들. 어수룩하심을 가장한 결코, 만만치 않으신 모습, 눌변이라 낮추지만 화려한 언어의 마술사가 바로 이분입니다. 항상 타인의 말을 경청하고 기록하시는 진지한 모습이 참으로 존경스럽습니다.

작은 일을 지나치면 큰일도 모르고 넘어가 버린다는 메시지를 담은 듯한 행동과 모습에서 이 나라, 진정한 스승의 모습을 봅니다.

음식을 많이 못 드셔서 장수하실 거란 말씀 꼭 믿고 싶습니다. 선생님이 즐기시는 돼지고기와 배춧국 곁들인 쌀밥을 대접할 수 있는 영광이 한 번쯤은 내게도 오기를 기대합니다.

2.
평양냉면 집에서 뵙기로 한 날,
비가 오려고 날이 잔뜩 심술을 부립니다.

약속 시간보다 20분 먼저 도착해서 줄을 섭니다. 혹시나 몸이 안 좋으셔서 지팡이라도 짚고 나오시면 어쩌나 속으로 걱정입니다. 다행스럽게도 선글라스 끼시고 두 다리 멀쩡하신 모습으로 그동안 약간 변했을 제자 금방 알아보십니다. 사는 게 바빠서 너무 늦게 뫼심을 용서해 주시라고
무슨 말이냐고 이렇게 잊지 않고 찾아주어서 고맙다고 지난 얘기로 필동면옥 물냉면이 온면으로 바뀝니다.

살다 보니 인생은 다 돈이더라고 젊으면 젊은 대로 늙으면 늙은 대로 돈의 쓰임새가 다 따로 있는 거라고 뭐든 공부해야 한다고 또 미래의 부를 위해 현재의 불편 정도는 감수해야 하는 거라고 게으른 사람 절대로 부동산 부자 될 수 없다고 상대적 박탈감으로 드러누울 수도 있다고

현재까지 잘하고 있는 제자들에게
지난 40년간 재테크 실패사례를 밥값으로 내어놓으십니다.

안경태

어린 시절
어른이
지어주신 이름
안경태를 안경테로
꽤나 놀림 받았을 겁니다.

사회적으로
존경받는
분은
인사받기도 잘해야 하지만
주기도 잘해야 합니다.

고개도 숙이고
눈도
마주치고
입가에 고급진 미소까지

이 나이에
인생
스승님 한 분
마음으로 뫼시기로 합니다.

이각균

남자가 흘리지
말아야 할
것은
눈물뿐이더라.

훈련소 식판 부족으로
먼저
먹은 동기
식판 세척 후
첫 숟갈 뜨는 순간,

피도
눈물도
없는 조교
밥 늦게 먹고
앉았다고 생난리 친다.

서럽고
화도 나고
배도 고프고
그 남자 눈물 식판 위로 뚝뚝 떨어진다.

우보 박남조

노산 앞에 시아섬이 있고 또 그 섬에 외소나무 있다는 사실을 알려 주신 고마운 분입니다 삼천포가 고향이라고 하지만 막상 중학교 때까지의 오래된 추억만 남아있지 세세한 것은 모릅니다.

코로나 19속에도 지난 설날 삼천포를 홀로 찾았습니다. 오래전에 홀로 되신 아버지가 그냥 내려오지 말라고 하시지만 아버지 마음이 그렇지 않으시다는 것을 훤히 아는 나이가 되어버린 나는 홀로 친구 차 얻어 타고 단신 귀향을 감행합니다.

아버지께 문안드리고 동생들 조카들 만나고 어머니 산소에 가서 인사드리는 것도 큰 목적이지만 이번에는 노산에 가서 시아섬을 꼭 찾고 싶은 마음이 절실합니다.

이른 아침 노산 옆으로 길게 뻗은 방파제 끝에 있는 빨간색 등대까지 쭉 홀로 걷는데 맞은편에서 할아버지 한

분 걸어 오십니다. 속으로 저 정도 연륜이면 아시겠지 하고 시아섬을 묻습니다 그런데 나와 비슷한 정보력입니다. 자신 없는 손짓으로 아마 저 어디에 있을 낍니다 하고 가버립니다.

결국 외소나무 보지 못하고 서울로 올라가는 길에 동행한 친구가 대략 위치를 알려 줍니다. 인터넷에서 확인하고 다음에 내려오면 시아섬 외소나무를 꼭 찾아보기로 마음먹습니다.

혹여 가능하면 삼천포 친구 낚싯배 얻어 타고 시아섬에 가서 그 외소나무를 내 최신휴대폰에 반드시 담고 싶습니다.

Ms. Susanna Chan

사십 대 중반 넘어 다시 만난 이 여인은 삼십 대 초반에 가졌던 수줍은 미소와 함께 수년에 걸쳐 공사 끝난 찻물 든 치아 드러내고 앞으로 살아갈 걱정이 태산이란다. 홍콩 경찰이었다던 남편 안부 묻지도 못하고 고등학생인 아들 근황 물으니 키만 컸지 공부도 안 하고 말도 안 듣고 게임에만 푹 빠져있어서 큰일이라고 멋쩍게 웃는다. 고양이 세 마리와 같이 사는 작은 아파트는 아들에게 주고 친정으로 들어가서 살 거란다 아들에겐 엄마가 더는 필요 없을 것 같다며 병들고 연세 많으신 어머니 아버지 모시고 살 거란다.

이젠
나이 때문에
직장 구하기도
쉽지 않을 거라며
이국에서 온 나에게
끝도 없는 하소연 늘어놓는다.

박준영

오늘 이후로

착한

사람들이

반드시

승리하는

세상이기를

윤종후

뭐든 주고 싶어서
안달이신 분입니다.

42년생
말띠라고 하셔서
깜짝 놀랐습니다.

저렇게도 건강하시다니
돌아가신 어머니랑
한동갑이시라서
더 마음이 갑니다.

다니는 직장과
댁과의
거리가 100m
안팎이라서 더 좋습니다.

Mrs. Stephany Bartolo

1.
더 넓은 캐나다 땅에서는
인연이라고는
찾으려도 찾을 수가 없었습니다.

사랑은 태평양 건너
조그마한 한국 땅
서울하고도 신촌
호프집에서나 만나게 됩니다.

코로나 19로 온 세상이 정신 나가 있을 때

꽃다운 마흔 스테파니는
낯설지도 익숙지도 않은 서울 땅에서

4살 7살 아들 둘과
사랑하는 남편 Jackey를
두고 서둘러 가버립니다.

2. 공전

천왕성이 태양을 한 바퀴
도는 것도 보지 못하고
죽어간 사람들이
수도 없이 많더랍니다.

삼가 스테파니의 명복을 빕니다!

정창영

겨우내 땅속에
묻어 두었던
독 속의
김장김치처럼

만나면 만날수록
아작아작
깊은 맛을
내는 사람입니다.

윤다빈

-채혈

석 달에 한 번 약 타러 갑니다.

아침 6시 50분 꾸벅꾸벅 선배 간호사들에게 인사하면서 들어 오는 초자로 보이는 공부만 한 거 같은 검은 안경의 키 큰 남자 간호사가 제일 먼저 6번 자리에 앉습니다. 순간 저 친구가 오늘 내 피를 뽑아가려나 약간의 긴장이 돕니다. 그러나 다행히도 나는 바로 옆자리 상당히 노련해 보이는 간호사가 있는 7번 자리로 불려 갑니다. 그런데 6번 자리에서 아무도 아프다는 사람이 없는 걸 보면 아주 작은 통증조차도 견디지 못하는 겁많은 나의 기우였더랍니다.

겸손하고 착해 보이는 윤다빈 간호사에게
크리스마스트리처럼
반짝이는 앞날을 기대합니다.

제니 한

1.
체력은 방전 직전이라고
깜빡깜빡거리지만

여러 가지 활동적인 모임에는
언제나 감초처럼 등장합니다.

정든 이국땅에서
다시 낯선 고향땅으로

누구처럼 세상을 넓게 쓰시는
그 인생의
지나온 얘기가 궁금합니다.

2.

드라이버란 말입니다

그때그때

기분에 따라

잡는 거랍니다.

85미터 이상은

힘 조절로

다

가능한 거립니다.

이미옥

살면서
한두 번은
만났을 것 같은
익숙한 이름입니다.

꾸미지 않는
아름다움이 있습니다.
벨리댄스를 하셨다기에
좀 놀라긴 했습니다.

매일 아침
동네 엄마들이랑
에어로빅하는 집사람을
날라리라 놀리는 사람이거든요.

양교주

세상에

공짜가 어딨소.

다 열심히

살아낸

결과물이겠지요.

윤석중

1.
유 · 비 · 무 · 환

오늘처럼
추적추적
겨울비 나리면

방에서
공부만
해야 할지 몰라요.

비 오는
날에는
환자가 없거든요.

2.

유사시 환자 똥구녕도

핥는다는

의사 선생님도

다칠 수 있고

아플 수도 있더랍니다.

남의 병은 낫게 하면서도

비 오고

날 흐리면

저리고 쑤시는 통증을

손도 못 대고

살아가야 한다니 기가 찹니다.

어쩌겠습니까

그게 우리 사는 세상인 것을요.

김종순

요새도

술

들어가면

젓가락

장단 타고

고향역

찾아갈거나

김재후

십이간지 중

제일

먼저 도착했다는

꾀많은 쥐띠로 왔습니다.

200220으로

주민번호를 가진 재후는

짧게 일하고

누릴 거 다 누리는

일복 없는

사람으로 평생 사시라.

이용익

브랑제리의 아침은
아보카도
샌드위치가
주제라고 하지만

오랜 경험에서 나오는
에피소드가
주제 같은
부제가 됩니다.

오늘 아침
호사다마와 새옹지마가
한 핏줄
타고 내려옵니다.

세상은 끝까지
경계하며
참아내며
살아내는 거라고.

이준경

어릴 때 배운 담배를
아직도 피운답니다.
— 의사 선생님께서

이제 술도
좀 좋은 거로 무라 케도
소주만 드신답니다.
— 다른 건 싱거워서

잠시
한눈팔다가 얻은
큰 빚은 다 갚았다고

병도
고칠 수 있는 게 있고
본인이 안고 가야는 게 있다고

의미 없음에서
또 다른
의미를 끊임없이 찾고 있습니다.

곽연주

세상의 모든

악기를

곽지게도

잘 다루시는가 했지요.

온갖 종류의

나비를

그리도

잘 날려 보내실 줄이야.

김남욱과 양기식

최근
만난 선생님들
특히 국어 선생님들 대부분

말
잘하지만
또 없는 말 하는 것도 아니지만

술 들어가서인지
아무튼
큰
소리로 또박또박 말 많이 하더라.

Mr. Cake Kim

미스터 킴은 케이크를
무척 좋아하십니다.

빵집에서 만날 때마다
케이크를 삽니다.

일주일에 한두 번씩
반은 동료에게,
반은 냉장고에 둡니다.

생각날 때마다
한 조각,
한 조각
충분히 그럴만한 덩칩니다.

한주영

99

100

99

100

학교 다닐 때 성적표 아니랍니다.

현재 그의 몸무게

좀 먹으면 100

덜 먹으면 99

그래도

술은 안 드신다니 다행입니다.

안줏빨 들어가면 그분도 불감당

차원종
-방랑산객

땅에서
안 보이면 산에 있을 겁니다.

비가 오나
눈이 오나
시간만 나면 기어오르는 산

내려올 산
애써
왜
그리도 오르시는지

그곳에
뭐가
있긴 한 건지
언제 함 따라 가봐야겠습니다.

박태원

삼계탕집에서
이뿌다고 했더니
간헐적 단식 3일째랍니다.

키가 얼만지는
묻지 않았지만 타고났습니다.

오래전
몸무게 95kg을 85kg까지
감량한 적이 있었다며

단식의
효과와 결과에 대한
강한 긍정과 자신감을 보입니다.

근데 난 포동포동한 사람이 더 이뿝니다.

김병수

2022년 3월 18일, 대단한 코로나 뚫고 크게 내키지 않는 또 이산가족 되어야 하는 그러나 오랜 인연 가진 상해로 넘어갑니다. 30대에는 홍콩과 판위, 40대에는 성도, 40대 말 50대 초에는 상해, 대련 등지로 시차를 둔 운명 같은 오랜 인연이 50대 말 60대 초 상해로 이어집니다.

명목상 중문학을 전공했지만, 그때는 다른 일로 너무 바빠서 중국말은 중국 현지에 와서 배웠다는 고백을 들은 지가 한 30년 전 일 같은데 그 중국 오래오래 파먹고 삽니다.

2023년 1월 13일 금요일 매일 인사하고 뵙는 분과 처음으로 점심하는 자리 행주산성 보리굴비 맛있게 먹고 근처 대형 베이커리 카페에서 커피 한잔하고 천천히 서울 복귀하는 길에 어탕국수 집을 지나면서 저 집은 줄 서는 맛집이라며 다음에 오시자고 친구는 한 시간 후에 그 집에서 귀국 첫 식사를 하면서 내게 도착 보고를 합니다. 때마침 이제 집에 도착했으려나 하면서 휴대폰 드는 순간 이런 경우를 중국말로 뭐라고 친구가 얘긴 하던

데 금방 잊어버립니다.

저쪽 이쪽 공항 검색대와 국경을 무사히 넘어온 어마어마한 중국 술을 가지고 찾아온 친구 피부 상태도 좋아 보였고 머리 염색도 잘 되어서 더 젊어 보이는 비결 물었더니 코로나로 시간만 나면 자전거 타고 운동만 해서 그럴 거라고 17살 미소를 보입니다.

정휘영

그는
내가 없는 것을 고루 가졌습니다.

키 크고
균형 잡힌 몸매
멋스러운 꾸밈과 와인 내공까지

일상에서 인사하며 지내는
사람 중에 최고의 멋쟁이 사장님

언제나 정장 차림 행커칩은 필수
옷 색깔에 맞추어

검은색으로부터 시작해서 붉은색까지
크고 작은 꾸밈들

그게 요일별인지
그날그날의 느낌인지 묻지는 않았지만

군대 3년 군복 한 번 다려보지 않고 제대한 나
와이셔츠와 양복바지는 아내의 몫으로 두는 나

오늘 아침 운동 끝내고 사우나에서
반갑게 인사하면서
문득
맨몸은 나랑 유사하다는 생각으로 재밌는 미소

그래도
등이나 어디에 용이나 호랑이 크든 작든
한 마리 정도는 키워야 하는 거 아닌가.

안덕희

요즘은
어떻게 사시는지
모르겠지만
그때는
퇴근길에
안팎을 가리지 않고
최소한 두꺼비
두 마리는
잡아야
잠을
잘 수 있었답니다.

여보세요
— 여보세요
잘 들깁니까
— 안 들깁니다
잘 득깁니까
— 안 득낍니다

박승준

사람도 한우처럼 등급이 있다면

그는 투 플러스 보다

한 등급 위

어디서

꺼내 오는지 교양으로 가득 찼습니다.

동서 고전은 물론 최신 버전까지

그래서

떨어지는 부스러기라도 좀

얻어먹으려고 그를 만나러 지금 달려갑니다.

이승준

머리카락 3,500개 서비스로 2~300개 거금들인 이설 작업으로 이제는 손으로 만져지는 머리카락 느낌이 좋다며 행여 다 칠세라 조심스럽게 훑습니다. 내 눈에는 빈 곳이 더 많고 넓어 보입니다만 B4 사진을 보고나니 이해가 갑니다. 나도 있을 때 잘 보존해야겠습니다.

활동적인 사람은
모두가
앞이
훤하고 눈부십니다.

자고 나면 통장에 달러가 몇만 불씩 꽂히던 시절은 아주 잠깐 하던 일이 시원찮아 져서 부업으로 물류센터에서 밤새 일한답니다. 다행스럽게도 조상님이 주신 강한 체력이 버팀목이라고 몸 많이 쓰는 일이라 운동도 되고 살도 빠지고 꿩 먹고 알 먹고 마당 쓸고 돈 줍고

늘 곁에 있는 사람을
가벼운 소리로
웃게 하는
해피 바이러스
달고 다니는 그가
잘 되었으면 좋겠습니다.

윤충열

1번
2번
자리에 나란히 앉아서
새벽
운동장이
열리기를 기다립니다.

잃어버린 지하철 무임승차 카드를 어제 동네 주민센터에서 3,000원 주고 재발급받으셨다며 어쩌다가 팁 문화로 얘기가 넘어갑니다. 미국에서는 팁이 너무 많아서 부담스럽지만 서울에서 택시 타면 생기게 되는 부스러기 돈은 반드시 두고 내린다고 합니다.

그러면
기사도 좋고 나도 좋고
서로 기분이 좋아진답니다.
그러나
주차비는 어찌 그리도
아까운지 모르겠답니다.

황상구

별명이 황산구리였을 겁니다. 본인은 어땠는지 몰라도 친구들이 그렇게 불렀습니다.

중학 시절을 훌쩍 뛰어넘어 육십 다 된 나이에 SNS를 통해 인연이 다시 꿈틀거립니다.

용 호랑이 독수리 달마를 순식간에 그립니다. 조폭 문신용으로 그려 준다는 그 재주가 부럽습니다.

어린 시절 함부로 굴린 몸이 고장 나서 이틀에 한 번씩 투석 들어가지만 언제나 씩씩합니다.

좋아하는 운동 계속하시고 비싼 오토바이 다치지 않게 조심조심 잘 타고 다니시길 부탁합니다.

홍재기
-황칠나무

나무가

부모님 생각해서

공양했을 리야 없겠고

누구의 부모가

이 나무를

받고

무척이나 좋아했을라나

유래야 어떻든

효심

가득 품고 있다는

황칠나무가 은근히 좋아집니다.

이문수

청년밥상문간지기

신부님

건장하신

이유가 있었더랍니다.

쌀 포대도 날라야 하고

김칫독도

봉고에

실었다가 내리기도 해야 하고

때론

삼양라면 13박스도

직접 가지러 다니셔야 합니다.

김승모

새벽 운동장

엘리베이터 시동 걸리면

언제나 첫 손님으로 탑승합니다.

인사는 소리 내어 온몸으로 먼저 합니다.

보이는 것만으로도

사회적 능력

뛰어나고 체력 또한 대단합니다.

러닝머신

올라만 가면

흥건히 젖어서 내려옵니다.

뭐든 끝을 보고 말 것 같은

보이지 않는

그 끝이

어디쯤일지 옆에서 좋은 마음으로 지킵니다.

윤갑석

비지니스란

말이지

내가

좀 해봐서 아는데

남이 잘하고

있는

것

뺏어오는 거라.

늘 갑으로

살던

양반이 하기엔

가오 빠지는 일이기도 하지.

신재호B

좁은 내 생각이긴 하지만
운동장에서
원색의 바지를
입을 수 있는 사람은
싱글의 위치에 있는
신재호 같은 사람뿐이다.

빨주노초파남보
무지개색과
하얀색은
내가 죽었다 깨어나도
소화하기 어려운 바지 색깔

어제 회상하면서
이른 아침 트레드밀 위서 속보로 걷는다.

TV 뉴스 속
여성 앵커 전신화면 잡힌다,
분홍색 투피스, 맞다 나는 저 색도 아이다.

최상균

대선전 나만의 맛집 밀양손칼국수에서 반반과 칼국수 시켜놓고 둘이서 점심 맛있게 먹고 커피 한잔하는 자리에서 주변에는 1번밖에 없는데 여론조사는 2번 우세라며 고개 갸웃거렸습니다.

개표방송 첫머리보고
기분 좋게 자고
아침에 눈 뜨니
세상은 2번 손들고 있더랍니다.

그날부터 3~4일간 원인 모를
우울증에 시달렸더랍니다.
2번이 된 것보다
1번이 떨어진 것에 대한 충격으로

앞으로 뉴스 때마다 나오실
장재원 권성동 같은
권력 실세들
어찌 보고 살지 앞이 막막하답니다.

박명갑

모교 인터넷 사이트에서
백발이 된
선생님을 뵈었다.
벌써 20년이란 세월이 훌쩍 흘렀다.

꿈 많고
하고 싶고
먹고 싶은 것 많았던 고3 때

선생님은
매일 아침 하루도 빠짐없이
교실 바닥과 제자들의 책상을
거울처럼 닦아 놓으셨다.

학년 초 '반갑습니다'
졸업 때 '고맙습니다'라는
단 두 마디의 인사말로
짧은 인연은 끝났지만

아직도 선생님의
그 모습은
성실함의 표상으로
나의 마음속 깊은 곳에 자리하고 있다.

박성훈

그는 아이스 카페라테
나는 따뜻한 카페라테

가난했던 시절, 삼천포 우리 집 부의 상징 통통하고 묵직한 유리병 오른손으로 힘껏 돌려 따고 그다음 종이 마개 검지로 살짝 누르면서 기술적으로 돌려 따는 부산우유 목장을 아침마다 배달시켜 먹을 수 없었습니다.

세월이 제법 흐르고
형편이
약간 풀리고서야
이따금 맛볼 수 있었습니다.

서울에서 40년 넘게 살고 있습니다. 부산우유는 지리상 여건상 만날 수 없지만 부잣집 도련님 같았던 유리병에 든 서울우유 목장도 이제는 구경할 수 없지만 대신 간편한 멸균 팩에 든 서울우유 일상으로 즐깁니다.

그를
처음 만났던
그날 이후로 줄곧 나는 서울우유랍니다.

황지무

올림픽대로 방금 빨간색 버스 한 대
내 앞을 물처럼 파고듭니다.
순간 그 옛날, 위해 출장 가서 만난
동갑내기 친구 왕지무 생각납니다.

한겨울 저녁 먹고 별시리 갈 데도 없고 해서
발마사지 받으러 우르르 몰켜 갔습니다.
마사지 복으로 갈아입는데
아래위 내의가 온통 빨갱입니다.
심지어 양말까지도 추측건대 빤스도 아마

삼재라
액운을 쫓는다며

그 액운 다 정리되고
여전히 잘 살아가기를 새삼 바랍니다.

이상기

나이에 걸맞게
오십 평
넘는
아파트에서 혼자 산다.

중국 대련으로 발령받아 온 지도 이미 사계절 지나고 있건만 아내와 두 딸은 저 먼 뉴욕에서 그의 작은 몸뚱어리에 얹혀산다 뭐가 그리 급해서 여섯 달 반 만에 이 험한 세상 나와서 그렇지 않아도 술 좋아하는 아빠 여태껏 술독에 빠뜨려 놓았을까. 아직도 갈 길 먼 둘째 딸 영미가 보고 싶다고 미치도록 보고 싶다고 손가락 사이에서 벌써 생을 마감한 중국 담배만 허공을 헤맨다.

김재협

고집 센
엄마와 아들이
한 집에서
티격태격 싸우며 삽니다.

그 엄마에
그 아들입니다.
그나마 시어머니와 며느리는 사이가 좋은 모양입니다.

엄마 없는 나는 그냥 유세로만 들립니다.
돈 없는 놈 앞에서 돈 자랑하는 놈이나
엄마 없는 놈들 앞에서 엄마 자랑하는 놈이나

재협아, 재협아 이 나쁜 놈아!

황다은

친구 부친상 부고를 받고 장례식장에 도착합니다. 조화는 어제 보냈고 부의금 넣을 봉투가 어딨나 하고 이리저리 살피는데 저 멀리 '고황다은'이라고 적힌 이름 옆으로 공주보다 더 이쁜 족두리에 한복 입고 활짝 웃는 예닐곱 살로 보이는 다은이 사진에 눈이 멈춥니다.

아,
사곤가
병이었을까

안내석에 앉은 사람이 아빠 같은데 차마 사인을 물을 수가 없습니다.

아픈 데
또 때리는 거 같아서

친구 부친 조문 마치고 다시 그 앞을 기웃거립니다. 낮시간이라 그런지 조문객 하나 없는 식장에 네 사람 앉아 있습니다. 마음 같아서는 조문을 하고 싶지만 내가 너무 주접떠는 거 같아서 길을 잘못 든 사람처럼 그냥 지나쳐 돌아서 나옵니다.

백인주

건배사가 시작됩니다.

공군 대령으로
또 법무관으로
예편한 사람인지라 기대가 큽니다.

미 · 사 · 일

미래를 위하여
사랑을 위하여
일을 위하여

발 · 사

결과적으로
오랫동안 몸담았던 군과
젊은 시절의 흔적은
잘 지워지지 않는 법입니다.

김병희

나라에
큰비
내리는 날 대비해서

유비무환
이순신 장군님
거북선 준비하셨을 겁니다.

침
잘 놓는
봉래한의원 원장님

유비무환이 뭐냐고
지겨운
장마에도 유비유환을 즐깁니다.

제4부

다시 시작하는 기쁨으로

루쉰*

무일푼으로 난징에
도착한 어린 루쉰

추운 겨울에도 여전히
하복을 걸치고 있었고

매운 고추를 먹고
언 몸을 덥히곤 했더란다.

*중국의 작가, 사회운동가, 사상가. 20세기 초반 중문학을 대표하는 가장 중요한 인물이자 근현대 중문학의 아버지. 대표작으로 『아Q정전』이 있음.

피카소

피카소는 종이만 보면
그림을 그렸습니다.
열 살 때 이미
시골 미술학교 교사이자 화가였던
아버지를 능가했습니다.

어머니는
병적으로 그림에
빠져있는 아들에게서
이미 훗날의 거장
피카소를 보았을 겁니다.
한평생
그림만 그리다가 간
그를 생각하니

마흔 넘은
지금도 간지러운
미풍에 마구 흔들거리는
갈대처럼 여전히 중심 못 잡는

나는 도대체 누구랍니까.

워클리
-자본론·4

지칠 대로 지친 스무 살 워클리는 세리주, 포도주, 커피를 공급받아 가며 휴식 없이 26시간 반 동안 꼬박 일했고 개미집에서 칼잠을 잤고

금요일에
병이

나
서

일요일에
죽었습니다.

얌전한 이름을 가진 봉제공장 주인 귀부인 엘리스가 소스라치게 놀란 것은 이 소녀가 자기 일을 미완으로 끝내고 죽었다는 것이었습니다.

고종의 길*

후일을 도모하려던

고종의 길은

좁고 길었습니다.

그날의

헐떡거림이

저

아픈 길

위에 굴러다닙니다.

*1896년 〈아관파천(俄館播遷)〉 당시 고종이 피신했던 소로(小路)

김바르
-평화의 꽃

문득 스치는 이름 김바른
다시 본다
외국인인가
김바르다만것 같은 이름
김바르 작가의 개인전 알림판

꽃을 얼마나 잘 교배시켜야
저렇게 많은 꽃 생산할 수 있을까

만발한 평화의 꽃
한반도는
물론
러시아와
우크라이나에서도 꼭 피우게 되기를

찰스 다윈

강한 놈이 살아남는 게 아니라

적응하는 놈이 살아남는 거라고

회사도 마찬가지랍니다.

회계 마인드로 중무장한

끝없는 혁신만이 살길이라고.

정주영

옛날 같았으면
소 떼 몰고 38선 넘어가신
그분이 생각날 낀데

이제는
마음만 가져가나
잘생긴 가수
정주영이 떠오릅니다.

이건희

황제가 돌아가셨습니다.

그러나
세상은 여전히 돌아갑니다.

해가 뜨고 지고
달도 뜨고 지고
브랑제리의 아침도 그대롭니다.
바쁜
박 과장은 오늘 결석입니다.

안중근
-결코 잠들지 않는 죽음

1.
그들의 손에 의해
죽기는
죽었을 낀데
흔적이 없답니다.

유해는
본국으로
보내달라던 유언도
이행치 못하는 우리는 무엇입니까.

코로나
속에서도
넘치는 이 평화를
무슨 낯으로 누리고 있단 말입니까.

2.
운 좋게도 평화로운 시절에 태어난 나는
살면서 단 한 번도 진지하게 나라를
생각하고 걱정해본 적이 없었음을 고백하노라.

장만득

-그 여자네 집

날강도를 피해

얼결에

십 층 옥상에서

뛰어내려 죽었다면

그게

자살이 되고

강도는

죄가 없어지나요.

정신대

당한 사람이나

면한 사람이나

똑같은

시대의 희생자라고

생각지 않나요.

유안진

2021년 5월 14일
우리 나이로
81살인 할매가
터무니없이 시집을 냈습니다.

63살에
돌아가신 어머니보다
한 살 많은 시인을 부러워합니다.

나의 인생 단기 목표는
그 나이에
시집은커녕
어머니보다 하루를 더 사는 겁니다.

박정희

여의도 전경련회관에 딸린
소공원 1979.10.16에
썼다는 글씨가 짠했습니다.

열흘 뒤
그만의 방식으로 사랑했던 대한민국을
숨 쉴 수 없게 되었습니다.

윤동주

어려운 시절 어려운 나라 태어나서
27년 남짓 살다간 그를
교복과 학사모가 잘 어울리는 그를
가만히 생각합니다.

7~80년대, 어린 시절 잠시 가난을 보았지만
최루탄의 매움과 눈물도 있었지만
전쟁이나 나라를 빼앗기지 않은
그나마 최악을 피해 간 억수로 운 좋았던 나의 삶

그보다 배를 더 숨 쉬고 있는 지금의 나,
잘 살아왔는지
잘살고 있는지
오늘 윤동주 문학관 가서
그분께 찬찬히 한 번 여쭤봐야겠습니다.

이상경

일미 장어집에서
주말 산행에 관한 얘기가 나와서
중간에 내가 묻습니다.

어느 계절이 제일인가고
그가 대답합니다.

사계절 내내 나름의
특색 있어 좋다지만

무릇
산이란
속살과 근육을 다 드러내는
겨울 산이 최고봉이라고.

송해

1.
한강 산책길
선상 결혼식장 앞

여러 사람에게 둘러싸여 가시는
단신의 까무잡잡한
송해 선생을 봅니다.

체면에
사진도 못 찍고
그냥 보고만 있습니다.

절에
다니시는 어머니
밥상머리에서
뭐 좋은 일 생길래나.

2.
돼지
꿈
꾸어도
오늘은 가고

아무리
운
좋은 사람도
때가 되면 가야 합니다.

박인희
-끝이 없는 길

긴 세월을 뛰어넘고

박제된 모습으로

생머리의

단정한 소녀로

남아줄 거라는

환상은 깨어졌지만

그래도 시대를

같이 살아준

고마움으로

안도감으로

봄 아지랑이 피어나는

끝없는 길을 같이 갑니다.

정동원

고난을 딛고 일어선 사람이 뭐 좀 해보려고 하면 아침 드라마처럼 사랑하는 사람이 아파서 누웠거나 이미 죽어 있습니다.

키워주신 할아버지는 왜 폐암에 걸려서 손주 재롱도 제대로 즐기시지도 못하고 여러 사람 눈에 눈물 나게 하신답니까.

이종영

순수음악
하시는 분이
아주 잠깐
트로트에 빠졌더랍니다.

재미는 있었지만
3분짜리
대중음악이란 게
너무나도 단조로워서

파고들 것도 없고
연구할 것도 없어서
두 달 만에
시들해지더랍니다.

장자(莊子)

본래
삶이란 없었고
형체도 없었고
기(氣)도 없었답니다.

그저
기가 되었고
형체가 되었고
삶이 되었답니다.

아내는
다만 큰 방에
편히
누워있는 거랍니다.

손정민*

무심히
지나가는
풀꽃에게도
말을 건넵니다.

이름이 뭐냐고
뭐 묵꼬 사냐고
살만하냐고
나도 많이 변했습니다.

시간이
많아진 건지
할 일이
없어진 건지
쏟아져 내리는
봄비를
뚫고
피다만 꽃
손정민을 만나러 갑니다.

*2021년 4월 25일, 친구의 부름을 받고 집 앞 한강공원으로 나갔던 의대생 손정민 군은 주검으로 발견됐다. 제기된 많은 의혹은 아직도 해소되지 않고 있다.

노무현

죽은 나무

산 나무

버팀목 되고

산 나무

죽은 나무

마냥 의지하니

삶과 죽음이

자연의

한 조각 맞고나.

백인덕

1964년 5월 18일 태어난 시인은
1980년 5월 18일까지 아마도
즐겁고 맛있는 생일상 받아먹었을 거다.

이후로 어머니의 교통 사고사
광주의 희생과 죽음으로
염치없어진 생일 흐지부지되고 말았다.

2024년 5월 18일은 그의 환갑이다.
아직도 마음으로
생일상 받기 힘드시다면

2000년 5월 18일 태어난 싱싱한 청년
필오션라인 스물네 번째
생일에 환갑 얹어서 같이 하는 건 어떨까.

F. R. David

Words를 불렀던 매력적인 허스키보이스 F.R.David가 남자라는 사실을 최근에 알게 되었다. 목소리로 만났고 누구 하나 성별을 얘기한 사람 없었기에 수십 년을 오해했다. 유튜브에서 그를 처음 보았다 짙은 선글라스 끼고 기타 치면서 가볍게 어깨춤을 추었다. 목소리는 분명 예전의 그년데 영상은 다른 사람이 립싱크하는 것으로 착각했다. 가까운 사람들에게 여러 번의 확인 절차를 거치면서 나의 고착된 오해를 서서히 풀 수 있었다. 미안해서 귀익은 노래 대부분의 음원을 샀고 CD도 구매해 보려고 여기저기 알아보았지만, 나의 생활 반경 안에서 그의 독집 앨범을 찾는다는 건 도무지 불가한 일이었다.

짧은 인생 살면서
나는
얼마나
많은 진실
오해하며 살아갈까.

다산 정약용

정확히 무슨 죄로
저 먼 땅
강진으로 유배 갔는지 몰라도
18년 동안 500여 권의 저서를 남겼습니다.

만일 현직에 있었더라면
다산은
그저 그런 조선의 공무원으로
바삐 살다 갔을지도 모를 일입니다.

물론 때를 만나
그가
꿈꾸었던 신조선을
만들 수 있었을지도 모르겠지만 말입니다.

아무튼
저
방대한 연구 기록들
유산으로 가질 수 있어서 우리는 행복합니다.

나석주

-동상 앞을 지나며

1926년 12월 28일 거사 후
자결하신
열사의 동상 앞을 지납니다.

저 자리는
하나은행으로 숨어든
외환은행 본점이 있었고

그때는
조선식산은행과
동양척식회사가 있었던 모양

열사가 동상의 저 복장 그대로
2023년 2월 4일 오늘
명동에서
유행에 뒤지지 않고 저만큼 앞서가실 듯.

신우석

멀리 캐나다에서 온
처
조카
우석에게
작별의 포옹을 받는다.

그래 우리
성공해서 또 만나자
마음속으로 얘기한다.

나 홀로 한강 산책길

그 성공이란 게 뭘까
현실
세계 속에서
죽지 않고 계속 살아남는 것
우리 꼭 살아서 다시 만나자.

허수경

1964년

진주에서 태어나고 자란

내 동갑이라 그냥 그 시집 사 들고 왔다.

오늘 아침

누구도 기억하지 않는 역에서라는

시집의 첫 장을 넘기다 말고

2018년 10월 지병으로 별세했다가 읽힌다.

엊그제

아버지 보내 드리고

아직 이별의 슬픔에 젖어서 사는데

나이 육십도 못 채우고 간

시인에게 내가 미안타

이렇게

하는 일 없이 나만 살아 있는 거 같아서.

고참 한상준

학교 선생 하다가 나보다 5개월 먼저 군대 왔던 마음씨 유하고 엉덩이 펑퍼짐했던 영원한 고참 한상준 선배

15년의 세월을 훌쩍 뛰어넘어 대천에 있는 콘도에 놀러 갔다가 그와 가족을 만났다. 요즘 선생들은 분필 가루도 안 마시는지 얼굴의 약간 짙어진 주름 빼면 몸짱 선생이 되어 있었다.

형수님의 수더분한 모습이며 솔, 샘, 별이라는 예쁜 이름 가진 조카들을 보니 인생이 참으로 넉넉해 보였다.

콘도에 놀러 가면 여자들은 밥만 하다 온다며 투덜대는 아내를 위해서 사 먹을 요량으로 정말 입만 가지고 갔는데 저녁 무렵 한 선배는 무척이나 무거워 보이는 플라스틱 시장바구니를 낑낑 메고 오는 게 아닌가.

대천항의 신선한 회, 직접 담은 간장 게장과 갖은 양념,

과일, 채소, 식기, 소주 2병 그리고 보령산 포도주까지 아예 이사를 왔다.

취미로 집안 가득 돌연변이 야생화만을 키우는데 식물이라면 자신 없어 하는 나에게 하루에 한 번 정성 들이면 그만이라며 특유의 충청도 억양으로 용기를 주면서 여러 해 동안 자식만큼이나 애지중지했을 아주 귀하게 생긴 학 모양의 소나무 옹이 위에 잘 자란 풍란을 정으로 주는 게 아닌가.

아 -
끝없이
이어지는 충청도의 순박한 인심이여!

의인 최원욱

꽃샘추위를 동반한 세찬 강바람 때문에 한참을 망설이다가 나온 산책길입니다.

대한민국
곳곳에
의인
숨어 있습니다.

나라가 힘들면 나라 위해 물에 빠져 허우적거리는 사람 있으면 기꺼이 몸을 던집니다.

제 식구
하나
건사 못하는
나는 무엇이랍니까.

백기완

1.
죽어야
잠시
기억되는
투사였습니다.

그동안
빈 시간들
얼마나
외로우셨을까.

민중과 늘 함께였는데 그 민중들도 다 늙고 병들고 더러 먼저 가버렸으니 봄이 내일모레라지만 추운 겨울 아침 서울시청광장에서 뜨거웠던 것들을 추억합니다.

2 장산곶 매

돈보다는
사람인
노나메기 세상으로

장산곶 매
한 마리

저
하늘 높이
훨훨 날으셨습니다.

어른 김장하

1.
나는 한약사도 아니고
그런
시대적 배경도 아니고
선생처럼 큰돈 벌 재주도 없으니

뭘 해서 힘든 사람
돕고
저 태양이 가린
세상의 보이지 않는 어둠, 빛들일까.

2.
돈이란 필요할 때
넘한테
빌리지 않아도
될 만큼만 있으면 되고

살아서 다 쓰지도 못할 돈
이미
내 돈 아니라니
절실한 곳에 잘 나누시라.

| 발문 |

터널 끝 환한 '사람꽃' 만나다
  −이태연 시집《그래 사람이다》에 부쳐

백인덕(문학평론가)

1.

저수지 둘레 산책길 군데군데 노랑 금계국이 눈에 띈다. 가만히 보면 그 주변에 하양과 분홍의 작은 꽃도 보인다. 코스모스, 쑥부쟁이 등을 떠올리다 이내 고개를 가로젓는다. 금계국 말고는 아는 이름이 없다, 여태까지 뭉뚱그려 '들꽃', 고작해야 '오월의 꽃들' 하고 말았던 것이 좀 미안해진다. 우리는 너무 쉽게 '유적(類的)' 개념에 수시로 개체(個體)를 밀어 넣는다. 물론 그로 인해 편리하게 닿을 수 있는 생각도 있겠지만, 대개 경우에서 등 떠밀린 개인의 특성과 조건은 문제의식 없이 무시되고 만다. 그동안 산책길 들꽃의 우주를 나는 정말 이방인처럼, 아니 공감의 여유라곤 전혀 없이 사진 맛집을 찾는 관광객처럼 지나갔을 뿐이다.

이태연 시인의 원고 상태의 새 시집,『그래 사람이다』에서 방대한 인명 색인을 만났다. 어떻게 정리되어 시집에 수록될지는 모르겠지만, 대략 250여 명을 모티브로 한 4백 편이 넘는 작품이다. 많다면 많고 적다면 적다, 1950년대 활동했던 박인환, 김수영, 박용래, 김종삼 등의 시인이 한 평생 2~3백여 편의 작품만을 남긴 걸 생각하면 많고, 필자만 해도 천 편 이상을 발표한 걸 보면 또 지나치다고 할 수는 없다. 여기서 주목해야 할 점은 그 항상심(恒常心)일 뿐이다. 이태연 시인은 왜 기꺼이 '사람'을 자기 시작의 우선 모티브로 삼는가?

한국인이 애송하는 최고의 외국 시인 중에서 항상 상위 순번에 거론되는 라이너 마리아 릴케는 서른 중반에 발표한 《말테의 수기(手記)》라는 자전 소설에서 "시는 사람이 생각하는 것처럼 감정은 아니다. 시가 만일 감정이라면 나이 젊어서 이미 남아 돌아갈 만큼 가지고 있지 않아서는 안 된다. 시는 정말로 경험이다."라고 고백했다. 이어서 "나이 어려서 시(詩)를 쓴다는 것처럼 무의미한 것은 없다. 시는 언제까지나 끈기 있게 기다리지 않아서는 안 되는 것이다. 사람은 일생을 두고, 그것도 될 수만 있으면 칠십 년, 혹은 팔십 년을 두고 벌처럼 꿀과 의미를 모아 두지 않으면 안 된다. 그리하여 최후에 가서 서너 줄의 훌륭한 시가 써질 것이다."라는 철학적 예견을 보여 준다.

릴케는 이태연 시인이나 내 또래, 흔히 586이라 부르는 세대의 전후를 포함하여 웬만한 문학 지망생이나 감수성이 좀 예민했던 이들에게는 《젊은 시인에게 보내는 편지》라는 책으로 훨씬 더 잘 알려져 있다. 이 책은 서간체 형식으로 '자기감정'의 중요성과 시적 보존을 역설하는 내용이다. 1903년이니 릴케가 이십 대 후반에 강조한 점이다. 그러나 그는 곧 '감정'을 더 높은 차원으로 승화하기 위해서는 절실한 '경험'이 필요함을 알게 된다. 하루하루 소모하는 에너지로서의 감정이 아니라, 사물과 사태를 새로운 관점에서 바라보게 하고 이를 통해 한층 깊고 복잡한 관계를 이해할 수 있게 해주는 능력으로 감정을 끌어올리기 위해 경험, 특히 사람 사이의 '희노애락'을 강조한 것이다.

2.

이태연 시인은 처음 친구의 친구로 만나 물처럼 섞여 이제 친구로 만난다. 그 사이의 친구가 번듯한 소설가고 이태연과 필자가 시인이기 때문에 지금 이 글을 쓰고 있다고 하면, 진짜 문단에서 흔한 장르별 편 가르기에 지나지 않는다. 아무래도 이번 기회는 2021년에 발간한 이태연 시인의 네 번째 시집,《메마른 꿈에 더는 뜨지 않는 별》에 해설을 맡았던 인연의 연장선에서 이해해야 할 것 같다. 그때 필자는 그의 시가 내장한 무한 긍정과 희망에 적잖이 놀랐다. 마치 우리가 숨 쉬는 공기가 눈에 보이지는 않지만, 산소와 질소라는 필수 원소로 구성된 것처럼 이태연 시인의 작품은 숱한 상황 논리와 감정 교란을 딛고 '긍정과 희망'이라는 자기 원리 위에 우뚝우뚝 솟아오르고 있었다.

100일 동안
행복할 수 있다면
일 년 내내 행복한 거다.

부는 바람이 늘 황사일 수 없고
간혹 흙비가 온종일 내려도

빛깔 붉음이 지워지지 않을 테니까.
느린 안개처럼 사람 밀려들거나
주인 잃은 개 꼬리 흔들지 않아도
제 마음 한 조각, 여전히 타오를 테니까.

우린 얼마나 행복해야 하나.

이 답답한 마스크 벗든 못 벗든
최신형 미사일이 동해 허공을 가르든
소공동 사거리 적색 신호, 기도한다.

백일홍 피어 있는 동안만이라도
우리 사는 세상 아무 일 없기를.
-「백일홍」 전문

여기에 이런저런 통계 지표를 들이대는 것은 사족(蛇足)보다 훨씬 심각하게 쓸모없는 일이다. 아직도 국내 일일 확진자 수도 1만 명을 오르락내리락하고 있고, 사망자 총계는 계속 높아진다. 과연 '엔데믹' 선언이 확실하게 일상 회복으로 이어지고 있는지 의심하지 않을 수 없다. 필자도 문단의 동료 몇을 이번 코로나 19로 잃었다. 아주 가깝거나 시 세계가 비슷한 동료는 아니었지만, 동시대를 영위하다가 졸지에 서로 다른 차원에 영영 귀속하게 되었으니 황망하지 않을 수 없다. 때문인지 앞의 인용 작품을 더 깊게 읽게 된다. 백일홍 피어 있는 날이 '백일'일 수는 없을 것이다. 그러나 시인은 백일홍의 '일편단

심'에 빗대 "우린 얼마나 행복해야 하나"라는 인생의 가장 중요한 질문을 불러온다. 물론 이 질문은 행복은 멀리에 아주 특별한 것으로 존재하는 것이 아니라는, 어쩌면 "우리 사는 세상 아무 일 없기를" 바라는 작은 기도에서도 싹틀 수 있는 여리지만 강한 생명력의 전율 같은 것임을 다시 생각하게 한다.

이태연 시인은 분명하게 "우리 사는 세상"을 말한다. 이것은 그의 생각이 닿은 지점이 '우리의 세계' 같은 추상적 개념적 차원이 아니라는 것을 강력하게 함의한다. 시인은 가끔 '사람꽃'이라는 신조어를 보여준다. "봄이/ 왔습니다.//꽃이란/꽃은/다 이쁩니다.//사람도/그랬으면/좋겠습니다"라는 희망을 공공연하게 드러낸다. 여기에는 '꽃'이 완전무결한 존재이기 때문에 사람도 누구나 자기 결점을 극복하고 화려해지라고 강요하는 억지는 전혀 개입할 수 없다. 사실 봄꽃이 아름다운 것은 지켜보는 시선을 의식하지 않고, 제자리에서 자기 사명에 집중하고 있기 때문이다. 그렇지 않은가, 인위적으로 장식된 꽃이 이미 존재의 생생한 가치를 잃고, 다른 목적의 도구로 전락하는 것처럼 사람도 제자리를 잊고 자기 소명에 집중하지 않는다면 꽃은커녕 '풀'도 되지 못할 게 뻔하다. 이태연 시인은 최소한 이 자명한 이치를 인식하고 있고, 표현 행위를 통해 독자들과 공유하는 것을 두려워하지 않는다.

3.

이번 시집의 발문은 다시 '기록으로서의 시의 가치'에 대해 생각해 볼 좋은 기회였다. 누가 뭐래도 우리가 사는 세상이 디지털 문명이고, 정보화 사회이다 보니 기록의 가치를 앞의 두 가지 조건과 결부시켜 이해하려는 경향이 강하다. 그렇고 보면, 얼마나 경제적으로 유용하고, 되살리고 펼치는 데 있어서의 효율성이 기록의 가치를 결정하는 중요 요소가 되고 만다. 즉, 정보의 쓰나미를 맞이하는 일상에서 웬만한 기록은 단순하게, 반복해서, 자동으로 입력해서 저장해 버리고 만다. 사실 SNS의 각종 플랫폼에서 보게 되는 단순 접촉, 만남, 모임, 공적 참여의 숱한 콘텐츠에서 앞에서 말한 혐의를 지울 수가 없다. 특히 많은 시각적 자료의 배치에 있어서 피사체에 대한 배려보다는 주체의 현시나 중요 인물을 중심으로 내세우는 것을 볼 때마다 적잖이 실망할 수밖에 없다.

이태연 시인, 본인은 그저 오래된 '습관의 힘'이라고 우선 의미를 축소하고 말겠지만, 그에게서 사람과의 접촉, 만남, 모임, 참여는 늘 새로울 수밖에 없다. 영국 철학자 프랜시스 베이컨은 "인간의 마음은 밀랍으로 만든 서판과 같지 않다. 서판의 경우 옛것을 문질러 지우지 않고는 새로운 것을 쓸 수가 없다. 마음의 경우 새로운 것에 쓰지 않고는 옛것을 지울 수 없기 때문이다."라고 했다. 그가 중시한 것은 기억 중에서도 마음에 남는 기록이었고, 그것은 늘 새로운 마음에 기입(記入)되어야 한다고 강조했다. 현대인이 '마음' 때문에 예기치 못한 곤란을 겪고 끝내 갖가지 병을 얻는다는 점에 비춰볼 때 '마음'을 쓰는 일은 어렵고 위험한 일이다.

누군가 나에게 물었다. 시가 뭐냐고
나는 시인이 못됨으로 잘 모른다고 대답하였다.

무교동과 종로와 명동과 남산과
서울역 앞을 걸었다.
저녁녘 남대문 시장 안에서
빈대떡을 먹을 때 생각나고 있었다.
그런 사람들이
엄청난 고생 되어도
순하고 명랑하고 맘 좋고 인정이
있으므로 슬기롭게 사는 사람들이
그런 사람들이
이 세상에서 알파이고
고귀한 인류이고
영원한 광명이고
다름아닌 시인이라고.
-김종삼,「누군가 나한테 물었다」 전문

비록 국어나 문학 교과서에 수록된 바 없기에 일반 대중에게 다소 덜 알려진 김종삼 시인의 작품 중에서 가장 눈여겨볼 만한 작품이다. 시인은 오전에 누군가 "시가 뭐냐고" 물었던 질문을 끌어안고 하루 내내 고민을 거듭하다 "저녁녘 남대문 시장 안에서/빈대떡을 먹을 때" 그 대답이 생각나고 있었다고 한다. 시인은 "순하고 명랑하고 맘 좋고 인정이/있으므로 슬기롭게 사는 사람들이/그런 사람들"이다. 구태여 찾자면 "무교동과 종로와 명동과 남산과/서울역 앞"에서 마주친 일상에 바쁜 사람들이다.

이태연 시인의 이번 시집은 같은 질문을 향하고 있다. '시가 뭐냐', '시인은 누구냐'라고. 다만 시인은 앞의 작품처럼 하루를 극화하지 않고 지금까지의 생애 전반을 훑어낸다. 따라서 '무교동. 종로, 명동, 서울역' 같은 서울 도심의 지명은 등장하지 않지만, 진주에서 삼천포, 서울에서 잠시 연천을 거쳐 서울과 중국의 여러 도시, 나아가 각종 미디어를 통한 간접 체험에 이르기까지 그 영역이 매우 넓다. 그 넓이에서 시인은 김종삼 시인의 앞 작품을 다시 빌자면, "이 세상의 알파이고/고귀한 인류이고/영원한 광명"인 존재를 찾아 기록하기를 멈추지 않는다. 그것이 이태연 시인이 '시와 시인'을 향해 던지는 질문과 답변을 찾는 방식이기 때문이다. 그냥 이름에서 주는 느낌을 따르면 시인은 이번 시집에서 '화살나무'처럼 쭉쭉 밖으로 뻗어있는 모습을 형상화한다. 하지만 모든 나무가 표피 안에 '물관과 체관'이 원활하게 작용해야 나무인 것처럼 그의 작품들은 외적 형상 안에 나름의 서사와 정서의 물길을 흘려보내고 있다. 다음에는 그 안에서부터 피워올리는 다양한 '사람꽃'을 감상할 수 있기를 기대한다.